E·N·S·E·M·B·L·E
[アンサンブル楽譜]

FULL SCORE
WSEW-18-016

生命の奇跡

作曲：村松崇継　編曲：郷間幹男

フルート4重奏

Flute 1
Flute 2
Flute 3
Flute 4

イギリスの少年たちの中からオーディションにより選抜結成された、ボーイ・ソプラノによるユニット、リベラ。彼らの代表曲の一つで、ユニバーサル・スタジオ・ジャパン「ユニバーサル・ワンダー・クリスマス」のCMソングや、ドラマの主題歌に使用されました。世界最高峰のボーイソプラノが奏でる天上のハーモニーを、フルート4重奏の美しい音色で表現したアレンジとなっています。

生命の奇跡

村松崇継 作曲
郷間幹男 編曲

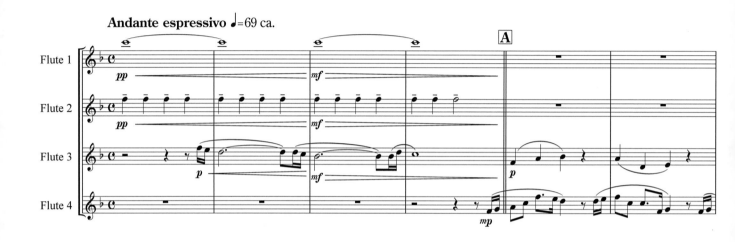

© 2011 by NHK Publishing,Inc. & SMILE PUBLISHERS INC.

Flute 3

生命の奇跡

村松崇継 作曲
郷間幹男 編曲

WSEW-18-016

MEMO

Flute 1

生命の奇跡

村松崇継 作曲
郷間幹男 編曲

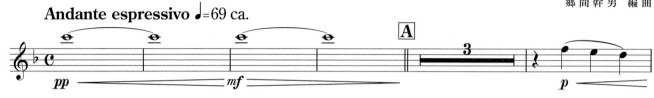

Flute 2

生命の奇跡

村松崇継 作曲
郷間幹男 編曲

MEMO

MEMO

ご注文について

ウィンズスコアの商品は全国の楽器店、ならびに書店にてお求めになれますが、店頭でのご購入が困難な場合、当社PC&モバイルサイト・FAX・電話からのご注文で、直接ご購入が可能です。

◎当社PCサイトでのご注文方法

http://www.winds-score.com

上記のURLへアクセスし、WEBショップにてご注文ください。

◎FAXでのご注文方法

FAX.03-6809-0594

24時間、ご注文を承ります。当社サイトよりFAXご注文用紙をダウンロードし、印刷、ご記入の上ご送信ください。

◎お電話でのご注文方法

TEL.0120-713-771

営業時間内に電話いただければ、電話にてご注文を承ります。

◎モバイルサイトでのご注文方法

右のQRコードを読み取ってアクセスいただくか、URLを直接ご入力ください。

※この出版物の全部または一部を権利者に無断で複製（コピー）することは、著作権の侵害にあたり、著作権法により罰せられます。

※造本には十分注意しておりますが、万一、落丁・乱丁などの不良品がありましたらお取り替えいたします。また、ご意見・ご感想もホームページより受け付けておりますので、お気軽にお問い合わせください。